GNINKAMAN GHISLAIN OUATTARA

A TRAVERS LA TEMPÊTE

GNINKAMAN GHISLAIN OUATTARA

A TRAVERS LA TEMPÊTE

TROUVER LA LUMIÈRE AU CŒUR DES ÉPREUVES

Éditions Vie

Imprint
Any brand names and product names mentioned in this book are subject to trademark, brand or patent protection and are trademarks or registered trademarks of their respective holders. The use of brand names, product names, common names, trade names, product descriptions etc. even without a particular marking in this work is in no way to be construed to mean that such names may be regarded as unrestricted in respect of trademark and brand protection legislation and could thus be used by anyone.

Cover image: www.ingimage.com

Publisher:
Éditions Vie
is a trademark of
Dodo Books Indian Ocean Ltd. and OmniScriptum S.R.L publishing group

120 High Road, East Finchley, London, N2 9ED, United Kingdom
Str. Armeneasca 28/1, office 1, Chisinau MD-2012, Republic of Moldova, Europe
Managing Directors: Ieva Konstantinova, Victoria Ursu
info@omniscriptum.com

Printed at: see last page
ISBN: 978-620-8-87641-8

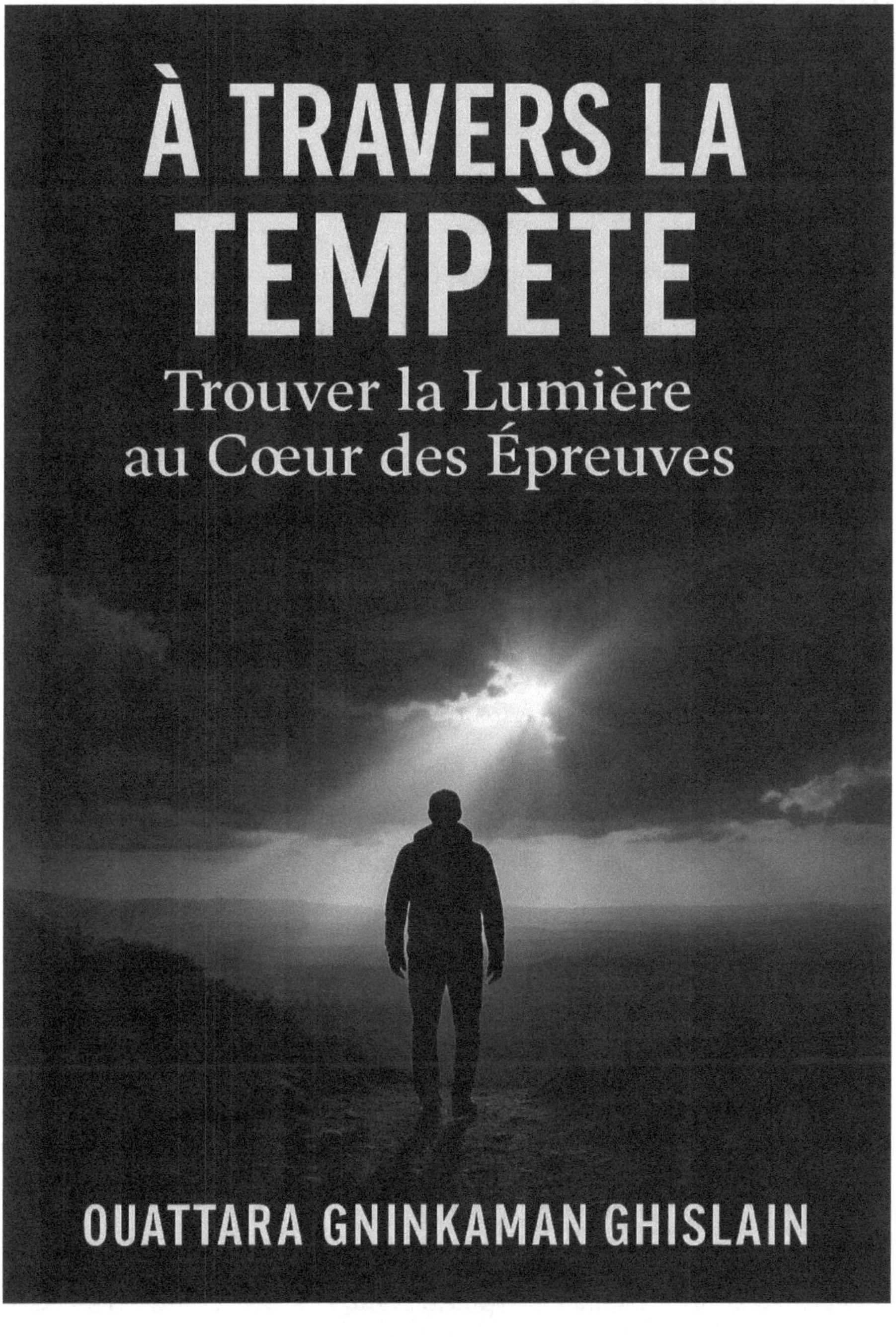
À TRAVERS LA
TEMPÊTE
Trouver la Lumière
au Cœur des Épreuves
OUATTARA GNINKAMAN GHISLAIN

Table des Matières :

Introduction

La vie est une aventure marquée par des épreuves inattendues, des défis qui surgissent souvent au moment où l'on s'y attend le moins. Chaque jour, des milliers de personnes traversent des tempêtes invisibles, luttant contre des douleurs profondes, des pertes dévastatrices ou des obstacles apparemment insurmontables. Si la souffrance fait partie de notre condition humaine, il existe aussi en nous une capacité extraordinaire à surmonter les pires adversités et à en ressortir plus forts, plus sages et plus accomplis.

Ce livre, "À Travers la Tempête : Trouver la Lumière au Cœur des Épreuves », est un voyage à travers la tempête. Il est conçu pour vous guider dans vos moments les plus sombres, pour vous rappeler que même dans l'obscurité la plus totale, il existe toujours une lumière qui brille à l'horizon. La lumière de l'espoir, de la résilience, de la foi et de la force intérieure.

Les épreuves de la vie ne sont pas seulement des défis à affronter, elles sont aussi des opportunités pour se transformer, pour se redécouvrir et pour réécrire notre propre histoire. Dans ces pages, vous trouverez des témoignages poignants, des réflexions profondes, des stratégies pratiques et des principes spirituels qui vous aideront à affronter chaque tempête avec courage et détermination.

Chaque chapitre est conçu comme une étape sur le chemin de la guérison et de la transformation. Vous découvrirez comment comprendre la nature des épreuves, comment surmonter les effets psychologiques et émotionnels des difficultés, comment puiser dans votre résilience intérieure, et comment utiliser la foi et les relations pour traverser les moments difficiles.

Ce livre n'est pas seulement un guide de survie, mais une invitation à grandir à travers la souffrance. Car ce n’est pas ce qui nous arrive qui définit qui nous sommes, mais ce que nous choisissons d’en faire.

Laissez-vous accompagner par ces pages et permettez à votre cœur de s’ouvrir à la possibilité de la guérison. La tempête finira par passer, et vous en ressortirez plus fort, plus lumineux, prêt à rayonner sur le monde.

Bienvenue dans ce voyage. Ensemble, nous trouverons la lumière au cœur de chaque épreuve.

Chapitre 1 : Comprendre la Nature des Épreuves

La vie est une série d'épreuves. Ces défis, grands et petits, se présentent souvent sans crier gare, bouleversant notre quotidien et remettant en question tout ce que nous croyons savoir. Mais pourquoi ces épreuves existent-elles ? Pourquoi la souffrance fait-elle partie intégrante de l'expérience humaine ? Comment pouvons-nous en sortir grandis plutôt qu'écrasés ? Ce chapitre cherche à apporter des réponses à ces questions et à vous aider à comprendre pourquoi les épreuves ne sont pas des malheurs mais des moments de transformation.

L'Inévitable Passage de la Tempête

Les épreuves ne sont pas simplement une partie de la vie, elles sont une condition nécessaire pour évoluer. Le philosophe et théologien Friedrich Nietzsche disait : « Ce qui ne nous tue pas nous rend plus fort. » Cette affirmation résume parfaitement l'idée que la souffrance et les difficultés ont un pouvoir de transformation. Pourtant, ce n'est pas toujours facile à accepter, et cela demande un effort conscient pour percevoir les épreuves sous un autre angle.

Prenons l'exemple d'une personnalité qui a traversé de nombreuses épreuves avant de devenir une figure emblématique : Nelson Mandela. En 1962, Mandela est arrêté et incarcéré pendant 27 longues années. Ces années de captivité ont été marquées par la solitude, la souffrance et la perte de nombreux proches. Mais, au lieu de se laisser anéantir, Mandela choisit de transformer ces épreuves en une force incommensurable. Il utilise cette période pour réfléchir à son rôle dans la lutte contre l'apartheid et pour renforcer ses convictions. À sa sortie de prison, il devient le symbole d'une nation qui lutte pour la paix et la réconciliation. Ce qui aurait pu le briser l'a en réalité renforcé.

Les épreuves de la vie, aussi cruelles soient-elles, sont des opportunités déguisées pour ceux qui sont prêts à les affronter avec courage. Comme Mandela, les difficultés peuvent devenir des moments de réflexion, de croissance intérieure et de réorientation de nos priorités.

Les Épreuves Comme Catalyseur de Croissance Personnelle

Les épreuves ne sont pas là pour nous punir, mais pour nous enseigner des leçons essentielles sur nous-mêmes et sur la vie. Elles nous aident à découvrir qui nous sommes réellement. La question n'est pas "Pourquoi moi ?", mais plutôt "Que puis-je apprendre de cette situation ?" Cela ne signifie pas que la souffrance est facile à accepter. Cela signifie simplement qu'il existe une opportunité d'apprendre de chaque difficulté.

L'exemple de Oprah Winfrey, l'une des femmes les plus influentes et les plus riches du monde, en est une illustration parfaite. Née dans la pauvreté, Oprah a connu un début de vie marqué par des abus, des violences et des discriminations. Elle a grandi dans un environnement où les chances étaient minimes. Mais plutôt que de se laisser définir par son passé, Oprah a utilisé ses expériences de vie comme un tremplin pour se reconstruire. Chaque obstacle qu'elle a surmonté l'a amenée à comprendre la puissance de la résilience, et cela l'a guidée vers une carrière d'animatrice et de productrice emblématique. Aujourd'hui, elle incarne l'idée que les épreuves, bien qu'intenses, peuvent être un moteur de transformation.

Cela montre que la souffrance et les défis ne nous définissent pas, mais peuvent devenir des outils puissants pour modeler notre destin. Ce sont les épreuves qui, lorsqu'elles sont comprises dans toute leur profondeur, nous permettent de découvrir notre potentiel caché.

La Force Cachée Dans les Épreuves : Un Chemin de Transformation

Il existe une force cachée dans chaque épreuve, une force qui ne se manifeste qu'une fois que nous avons accepté d'affronter la douleur plutôt que de la fuir. Steve Jobs, le fondateur d'Apple, a traversé des épreuves colossales dans sa vie. En 1985, il a été renvoyé de sa propre entreprise, une entreprise qu'il avait fondée. C'était une humiliation publique, et il se retrouva sans rien. Mais cet Echec ne l'a pas détruit. Au contraire, il a utilisé cette épreuve pour repenser son approche du monde, redéfinir ses objectifs et créer Pixar, l'entreprise qui allait ensuite révolutionner le cinéma d'animation. Lorsqu'il revient chez Apple en 1996, il a transformé l'entreprise en un géant technologique. Il a souvent déclaré que son échec chez Apple avait été le meilleur événement de sa vie, car il lui avait permis de se libérer des contraintes et de penser différemment.

De même, la célèbre auteure J.K. Rowling, avant de connaître le succès avec sa série Harry Potter, a traversé une période de grandes difficultés. Elle a été une mère célibataire vivant de l'aide sociale, subissant des échecs personnels et professionnels. Avant que la saga Harry Potter ne devienne un phénomène mondial, Rowling a été rejetée par plusieurs éditeurs. Pourtant, chaque échec a été un enseignement. Elle a dit un jour : « Le rejet est la meilleure chose qui puisse arriver à un auteur, car il vous oblige à améliorer votre travail. » Ces moments de rejet ont été des épreuves cruciales dans son parcours, la poussant à persévérer jusqu'à ce que son travail soit reconnu.

Les Épreuves et L'Évolution Personnelle : Transformer la Souffrance en Croissance

Les épreuves peuvent transformer notre vision du monde, et ce processus de transformation commence souvent par la reconnaissance du pouvoir qu'elles ont sur notre vie. Cela ne signifie pas que nous devrions rechercher activement la souffrance, mais plutôt que nous devons apprendre à accepter les épreuves lorsque celles-ci surviennent, en reconnaissant qu'elles ont quelque chose à nous enseigner.

Eckhart Tolle, auteur de « Le Pouvoir du Moment Présent », parle souvent de la souffrance comme étant une porte d'entrée vers la spiritualité et l'éveil intérieur. Selon lui, les moments difficiles sont ceux où nous avons la chance de nous éveiller à la réalité de notre existence, d'accepter que nous ne pouvons pas tout contrôler, mais que nous pouvons choisir comment réagir. La souffrance devient ainsi un moyen d'atteindre une paix intérieure plus profonde.

Réflexion : Les Épreuves Ne Sont Pas la Fin

Les épreuves, qu'elles soient visibles ou invisibles, sont inévitables. Elles font partie de la vie humaine, tout comme la joie, l'amour et la paix. Mais comprendre leur nature, c'est se donner la possibilité de les transformer. C'est accepter qu'elles ne sont pas là pour nous briser, mais pour nous préparer à une version plus forte, plus sage et plus résiliente de nous-mêmes. Les épreuves ne nous définissent pas. Ce qui nous définit, c'est la manière dont nous choisissons de les surmonter.

Ce chapitre a exploré les épreuves sous un angle nouveau, en les considérant comme des tremplins pour la croissance personnelle. Les histoires de Nelson Mandela, Oprah Winfrey, Steve Jobs, et J.K. Rowling nous rappellent que la souffrance n'est pas une fin en soi, mais un début. Un début qui nous conduit vers notre destinée si nous savons l'accepter, l'affronter, et l'utiliser pour évoluer.

Les épreuves ne sont pas là pour nous détruire. Elles sont là pour nous révéler à nous-mêmes, pour nous pousser à devenir la meilleure version de nous-mêmes. Accepter cela, c'est déjà commencer à guérir et à avancer vers une vie plus épanouie.

Chapitre 2 : L'impact psychologique et émotionnel des difficultés

Les épreuves, ces impitoyables architectes de notre destin, s'abattent sur l'âme humaine avec une violence inouïe, et leurs effets sont tout sauf anodins. Elles ne sont pas simplement des événements extérieurs qui se déroulent sous nos yeux, mais des secousses profondes, des tremblements intérieurs qui viennent bouleverser les fondements même de notre existence. Elles sont l'ombre qui s'étend sur notre ciel, l'invisible force qui bouleverse notre équilibre, et qui, sans crier gare, fait vaciller le fragile édifice de notre vie.

Dans ces moments de chaos, l'être humain se trouve emporté dans un tourbillon sans fin, pris dans les tourments d'une tempête qu'il ne comprend pas, mais qui, néanmoins, le façonne. Le poids de la douleur, qui ne se limite ni à la chair ni à la perte, s'infiltre dans les recoins les plus intimes de l'âme. Le cœur, tel un sol brisé, se couvre d'une poussière froide, tandis que l'esprit, tout à coup désarmé, se retrouve pris dans un labyrinthe sans issue. Ce n'est pas seulement le monde extérieur qui vacille, mais l'intérieur même de l'individu qui, en silence, se fissure. Les repères s'effritent, et tout ce que l'on croyait solide se dissout dans la brume de l'incertitude.

La souffrance psychologique n'est pas mesurable à la simple vue de larmes ou à la dégradation physique d'un être humain. Elle est bien plus subtile, plus insidieuse. Elle se cache dans les recoins invisibles de l'être, dans ces petites fissures qui ne se voient pas, mais qui se propagent lentement, creusant un vide intérieur qui semble infiniment profond. Elle se nourrit de la solitude, de l'impuissance, de la colère refoulée. Elle se nourrit des silences où les mots ne peuvent plus exprimer ce que l'on ressent, de ces cris étouffés qui ne trouvent aucun écho. Le cœur, frappé, se ferme dans un cocon de douleur, et le corps, épuisé, semble attendre une délivrance qui ne vient jamais.

Ce n'est pas une souffrance passagère que l'individu expérimente, mais une transformation radicale de sa manière de percevoir le monde. Lorsqu'il se retrouve face à cette épreuve de vie, il est contraint de se confronter à une vérité fondamentale : la vie, dans toute sa splendeur et sa cruauté, n'offre aucune garantie. La souffrance est une part inhérente de l'existence. Elle n'est pas une aberration, mais une composante indissociable de notre humanité. Mais c'est dans cette prise de conscience cruelle que se révèle paradoxalement la puissance de l'esprit humain. Car, dans cette souffrance, dans cette perte, se cache la possibilité d'une renaissance, d'une métamorphose intérieure que seul le feu de la douleur peut forger.

L'homme, pris dans la tourmente, se sent submergé, piégé dans son propre esprit. Il cherche un moyen de fuir, une échappatoire, mais chaque issue semble se refermer devant lui. Les pensées, tumultueuses, se bousculent dans une danse frénétique, inintelligible. L'esprit n'est plus un havre de calme, mais une mer déchaînée où les vagues de la confusion, de l'angoisse et du désespoir se fracassent contre les parois de la raison. L'individu ne parvient plus à se saisir de sa pensée, il se perd dans un enchevêtrement de doutes, d'incertitudes et de peurs. Il ne sait plus qui il est, ni ce qu'il devient. Il se trouve suspendu dans un vide absolu, où l'espoir se dissipe à mesure que l'obscurité se fait plus dense.

La colère, elle aussi, se réveille dans cette tempête intérieure. Elle n'est pas une simple réaction, mais une énergie brute, une force qui envahit l'individu et qui ne trouve aucun exutoire. Cette colère se nourrit des injustices, de l'impuissance face à un monde qui semble indifférent à notre douleur. Mais elle est aussi le cri muet de l'être humain qui refuse d'accepter la fatalité, qui se révolte contre ce qui le brise, contre ce qui semble être au-delà de son contrôle. Elle fait trembler les fondations de l'âme, dévore tout sur son passage. Cette colère est un feu qui consume sans pitié, mais c'est aussi un feu qui, une fois maîtrisé, peut forger la force de l'âme.

Mais, en dépit de tout cela, un paradoxe mystérieux se joue dans l'âme humaine. Car, à travers cette destruction, à travers cette fragmentation, naît une autre forme de vie. La souffrance, aussi accablante soit-elle, porte en elle une puissance insoupçonnée, celle de la renaissance. Ce n'est pas la fin de l'individu, mais le début d'une évolution profonde. Dans la rupture, il y a une possibilité de régénération. La douleur, loin de détruire, façonne, transforme et sublime l'être humain. Le creuset de la souffrance devient un espace où l'on peut se redécouvrir, où l'on peut se reconstruire. Le cœur brisé, une fois réparé, devient plus fort, plus sage, plus ouvert. L'esprit, forgé dans la douleur, devient plus acéré, plus clairvoyant.

C'est dans l'abîme que l'on trouve la possibilité de s'élever. L'âme, écorchée vive, trouve dans cette épreuve une nouvelle direction, un nouveau sens. Elle devient plus consciente de sa propre fragilité, mais aussi de sa résilience infinie. Ce n'est pas la souffrance qui définit l'être, mais la manière dont il choisit d'y répondre. Car, paradoxalement, il est dans l'acceptation de la douleur que l'individu trouve son véritable pouvoir. C'est dans cette confrontation avec la douleur qu'il découvre les ressources insoupçonnées de son âme.

Elles sont des étapes initiatiques dans le voyage humain. Elles n'annoncent pas la fin, mais le commencement d'une évolution. Elles ne sont pas à craindre, mais à accueillir, car c'est en traversant ces ténèbres psychologiques et émotionnels que l'individu atteint la lumière qui est en lui. C'est dans cette lumière, née des ténèbres, qu'il trouve la paix, la sagesse et la force de vivre pleinement, malgré tout.

Ainsi, dans la souffrance, loin de se perdre, l'homme se retrouve. Il se redécouvre dans sa grandeur et dans sa capacité à transcender ce qui le détruit. Ce n'est pas dans l'absence de douleur que réside la grandeur de l'être humain, mais dans sa capacité à en sortir, plus fort, plus lumineux, et plus vivant que jamais émotionnellement.

L'histoire de résilience : Le cas de Maya Angelou

Maya Angelou, poétesse et militante des droits civiques, a traversé des épreuves incroyables tout au long de sa vie, notamment une agression sexuelle durant son enfance. Cet événement traumatisant a marqué sa psyché pendant de nombreuses années. Cependant, au lieu de laisser cette expérience définir son avenir, Angelou a choisi de se reconstruire par le biais de l'écriture. Son courage et son cheminement intérieur ont transformé sa douleur en une force créative et libératrice.

Elle disait : "Nous ne pouvons pas changer ce qui nous arrive, mais nous pouvons choisir de ne pas être définis par ces expériences. »

La résilience, comme l'illustre l'histoire de Maya Angelou, n'est pas une simple capacité à supporter la douleur ; c'est la capacité à se réinventer et à faire de cette douleur un moteur de transformation personnelle.

Réflexion :

Les épreuves de la vie ont un pouvoir immense, non seulement sur notre corps, mais aussi sur notre esprit et notre cœur. Elles nous enseignent la fragilité humaine, mais aussi la force inouïe de la résilience. En comprenant l'impact psychologique et émotionnel des difficultés, nous pouvons mieux nous préparer à y faire face et à les transformer en leviers pour une vie plus épanouie et plus riche. La souffrance ne doit pas être perçue comme une fin en soi, mais comme une opportunité de croissance.

Chapitre 3 : ***La Résilience : Apprendre à Rebondir***

La vie est faite de transitions, parfois imperceptibles, parfois brutales, mais toujours inévitables. Les épreuves nous confrontent, nous bousculent, et parfois, elles nous déstabilisent de manière si violente que nous avons l'impression de ne jamais pouvoir nous relever. Mais la résilience est une vertu secrète, un pouvoir intérieur que l'on porte en nous, souvent sans le savoir, et qui nous permet de transformer cette douleur en une force nouvelle.

La résilience, loin d'être une simple capacité à endurer, est un acte profond de transformation. C'est une alchimie où la souffrance se transforme en une forme d'énergie créatrice. Elle est l'essence même de l'adaptabilité humaine, un rappel que nous avons en nous la capacité de nous réinventer, de nous reconstruire, de dépasser nos limites et nos peurs. Elle ne se manifeste pas dans les moments de facilité, mais bien dans ceux où tout semble perdu, où la douleur semble être la seule compagne fidèle.

La résilience face à la dévastation : un chemin de réinvention

Chaque épreuve dans nos vies, qu'elle soit physique, émotionnelle ou spirituelle, est une invitation à un voyage de transformation. Mais pour en faire un voyage de guérison et non de destruction, il faut d'abord accepter la souffrance. Beaucoup d'entre nous tentent de fuir la douleur, de l'ignorer, de la minimiser. Et pourtant, c'est dans cette même douleur que se cache une opportunité précieuse : celle de renaître.

Je pense souvent à ceux qui ont traversé des épreuves bien plus terribles que les nôtres. Ceux qui ont eu à faire face à des pertes tragiques, à des souffrances inimaginables, mais qui, au lieu de se laisser engloutir, ont choisi de se relever. La résilience n'est pas un hasard, elle est un choix. Un choix conscient de se relever après chaque chute, de se reconstruire après chaque défaite. Ce n'est pas une question de chance, mais de courage, de foi et de volonté.

Prenons l'exemple de Viktor Frankl, psychiatre et survivant des camps de concentration nazis. Frankl a perdu sa famille dans les camps, il a vu la souffrance inimaginable, il a expérimenté l'enfer sur Terre. Et pourtant, malgré cela, il a trouvé un sens à sa souffrance. Il a choisi de ne pas se laisser anéantir par les circonstances, mais de trouver un sens à la vie, même dans les moments les plus sombres. Son livre Man's Search for Meaning est un témoignage poignant de la manière dont l'esprit humain peut trouver la lumière même dans l'obscurité la plus totale. Pour lui, la résilience ne consiste pas seulement à survivre, mais à trouver une raison de vivre, même au cœur de la souffrance.

L'illusion de la perfection : apprendre à accepter l'imperfection

Si la résilience se nourrissait seulement de la capacité à « tenir bon », alors elle serait un combat solitaire. Mais ce n'est pas le cas. La vraie résilience réside dans l'acceptation. Ce n'est pas un hasard si beaucoup de grandes figures de l'histoire ont également été des modèles de vulnérabilité. Accepter l'imperfection, accepter que la vie n'est pas un long fleuve tranquille, c'est aussi ce qui permet de renaître. La résilience n'est pas seulement de lutter contre l'adversité, mais d'accepter que nous n'avons pas à être parfaits pour réussir, pour guérir, pour aimer.

L'un des exemples les plus puissants de cette forme de résilience se trouve dans le parcours de Malala Yousafzai, la militante pakistanaise pour les droits des filles à l'éducation. Malala a survécu à une tentative d'assassinat par les talibans en raison de son militantisme. À la suite de cet attentat, beaucoup s'attendaient à ce qu'elle se taise, qu'elle se cache, qu'elle abandonne son combat. Mais au contraire, elle a utilisé sa propre souffrance comme levier pour amplifier sa voix, pour dénoncer l'injustice, et pour éveiller le monde aux réalités auxquelles tant de jeunes filles sont confrontées chaque jour. Elle a montré que la résilience ne consiste pas à ignorer la douleur, mais à l'utiliser pour porter un message plus grand que soi.

L'épreuve comme moteur de transformation personnelle

Il est facile, lorsque nous sommes dans la tourmente, de croire que la souffrance ne mène à rien. Mais ce que l'on ne nous dit pas souvent, c'est que la souffrance est souvent le terreau dans lequel germent les plus belles graines de transformation. La personne que tu es aujourd'hui, et la personne que tu seras demain, dépendent de la manière dont tu choisis de regarder la douleur. Elle peut t'anéantir, ou elle peut t'élever. Tout dépend de ta capacité à voir la souffrance comme une opportunité de croissance.

Chaque épreuve, chaque souffrance, est une occasion de découvrir de nouvelles facettes de toi-même, de repousser tes limites, de grandir de manière inattendue. Tu n'es pas celui que tu étais avant la douleur, tu es celui qui a émergé après. La souffrance n'est pas une fin, mais un commencement. Elle est l'appel à se dépasser, à redéfinir qui nous sommes et ce que nous sommes capables de réaliser. Chaque cicatrice, chaque blessure, devient un témoignage vivant de notre capacité à renaître.

Le chemin est long, mais il vaut la peine d'être parcouru

Il faut du temps pour reconstruire, pour guérir, pour se relever. Mais chaque petit pas vers la guérison est une victoire en soi. La résilience ne se mesure pas par la vitesse à laquelle nous nous rétablissons, mais par notre capacité à continuer d'avancer, un jour après l'autre, malgré les chocs et les épreuves.

Il n'y a pas de secret magique pour surmonter les difficultés, mais il y a un principe fondamental : la résilience est une discipline du cœur et de l'esprit. C'est une pratique quotidienne, un effort constant pour ne pas succomber à la facilité de l'abandon. Elle est forgée dans le silence, dans la solitude, mais aussi dans les petites victoires qui nous rappellent que chaque pas compte.

Peu importe où tu te trouves dans ton parcours de résilience, sache que tu n'es pas seul. La route est longue, parfois pénible, mais il y a toujours de la lumière au bout du tunnel. N'abandonne jamais, même quand il semble que la nuit est interminable. Parce qu'au fond, la résilience n'est pas seulement un chemin de souffrance, mais aussi une voie d'espoir, de reconstruction et de grandeur humaine.

***Chapitre 4* : La foi et la spiritualité comme moteur de force**

La foi et la spiritualité sont des forces intérieures qui traversent les âges et les cultures. Elles ont la capacité de transformer une vie, de donner sens aux épreuves et de renforcer l'âme face aux difficultés. Elles ne se résument pas simplement à des croyances ou à des rituels, mais à une profonde conviction que, même dans la tempête, il existe une force plus grande qui nous guide et nous soutient.

La foi comme un ancrage dans l'incertitude

Lorsque tout semble s'effondrer autour de nous, la foi devient un phare dans la nuit. Dans les moments de souffrance, de doute et de solitude, la foi nous permet de tenir bon, même lorsque les vagues de l'adversité frappent notre existence. Elle nous rappelle qu'il existe une lumière au bout du tunnel, que nous ne sommes jamais seuls dans nos épreuves, et que, par la grâce de Dieu, il y a toujours une voie de sortie.

La foi n'est pas simplement une croyance abstraite, mais un engagement intérieur qui transforme notre vision du monde. Elle ne dépend pas des circonstances extérieures, mais se nourrit de la conviction que Dieu, ou une force divine, œuvre en nous et à travers nous pour nous amener à la plénitude. Le livre des Hébreux nous dit :

« La foi est une ferme assurance des choses qu'on espère, une démonstration de celles qu'on ne voit pas. » (Hébreux 11 :1).

Ce verset souligne que la foi nous donne la certitude, même dans les moments où nous ne voyons pas encore les résultats, que nos efforts seront récompensés.

Le psaume 23 est un autre exemple qui nous rappelle la présence divine dans les moments difficiles :

« L'Éternel est mon berger : je ne manquerai de rien. Il me fait reposer dans de verts pâturages, il me dirige près des eaux paisibles. » (Psaume 23 :1-2).

Ce passage symbolise la foi comme une source de réconfort, un guide qui nous soutient, même dans les moments de souffrance. Lorsque tout semble chaotique, la foi nous permet de trouver la paix intérieure et la certitude que nous sommes protégés.

La spiritualité : Une connexion au divin

La spiritualité, au-delà de la foi, est la recherche d'une connexion intime avec le divin. C'est un chemin de transformation personnelle, un voyage intérieur où nous cherchons à comprendre notre place dans l'univers et à nous connecter avec une puissance supérieure. La spiritualité n'est pas simplement une pratique, mais une manière de vivre, de ressentir et de percevoir le monde autour de nous.

Dans les épreuves, la spiritualité nous aide à donner du sens à nos souffrances et à voir les épreuves non pas comme des obstacles, mais comme des occasions de croissance. En cultivant une relation spirituelle, nous découvrons que chaque difficulté est une opportunité de renforcer notre âme, de purifier notre cœur et de nous rapprocher de notre Créateur.

Mère Teresa, par exemple, disait :

« La souffrance est une grande grâce. Elle vous permet d'entrer en contact avec la souffrance de l'humanité et de répondre à l'appel du Christ. »

Elle croyait fermement que, à travers la souffrance, Dieu permettait de purifier l'âme et d'enrichir l'humanité par des actes de service et de compassion. Pour elle, chaque acte de foi et chaque geste spirituel, aussi simple qu'il soit, était un pas vers une transformation divine.

La spiritualité chrétienne enseigne que nous ne sommes jamais seuls dans nos souffrances. Jésus lui-même a souffert, mais a trouvé dans sa relation avec le Père une force incomparable. Dans Matthieu 11 :28, Jésus invite ceux qui souffrent à venir à lui pour trouver repos et paix :

« Venez à moi, vous tous qui êtes fatigués et chargés, et je vous donnerai du repos. »

Cette promesse est un soutien incommensurable pour ceux qui traversent des épreuves. Elle montre que la foi n'est pas seulement une question de croyance, mais un acte vivant qui nous permet d'entrer dans une relation intime avec Dieu, nous permettant ainsi de recevoir sa paix et sa force.

La force spirituelle à travers l'adversité : Le cas de Nelson Mandela

La foi ne réside pas seulement dans la prière ou les croyances religieuses, elle est une manière de vivre. Parfois, une conviction profonde, même sans une expression religieuse spécifique, peut mener un homme ou une femme à surmonter des épreuves incroyables. C'est ce qu'a illustré Nelson Mandela tout au long de sa vie.

Mandela, emprisonné pendant 27 ans, n'a jamais cessé de croire en un monde meilleur, un monde où la réconciliation et l'unité prévaudraient. Sa foi en l'humanité, en la justice, et dans les principes de dignité humaine l'a soutenu durant les années les plus difficiles de sa vie. Malgré les tortures physiques et psychologiques, sa force spirituelle lui a permis de ne pas sombrer dans la haine et la vengeance. Sa foi, même loin de ses racines chrétiennes, était une foi en la possibilité de changer le monde par la paix.

La foi comme transformation intérieure

La foi ne transforme pas seulement l'extérieur, elle commence par le cœur. Elle nous transforme intérieurement, en nous ouvrant à l'amour, à la sagesse, à la patience et à la persévérance. La foi n'est pas une simple action extérieure, mais un profond changement de mentalité et d'attitude face à la vie.

Saint Paul écrivait dans Romains 12 :2 :

« Ne vous conformez pas à ce monde ci, mais soyez transformés par le renouvellement de votre intelligence, afin que vous discerniez quelle est la volonté de Dieu, ce qui est bon, agréable et parfait. »

Cette transformation passe par un renouvellement de notre manière de penser, de percevoir les événements et les personnes autour de nous. La foi nous invite à voir le monde à travers les yeux de Dieu, à comprendre que chaque épreuve a un but et qu'il y a une raison à chaque souffrance. Cela nous donne la force de nous relever et de continuer à avancer avec espoir.

La foi et la guérison : Une lumière dans les ténèbres

La guérison spirituelle passe souvent par un processus de confiance. La foi nous permet de croire que nous pouvons être restaurés, non seulement physiquement, mais aussi émotionnellement et mentalement. C'est dans cette confiance que la guérison se produit. Ce processus, selon le verset de Psaume 34 :18 :

« L'Éternel est près de ceux qui ont le cœur brisé, et il sauve ceux qui ont l'esprit abattu. »

Cela illustre parfaitement la capacité de la foi à guérir nos cœurs brisés, à restaurer nos espoirs, et à nous permettre de retrouver la paix intérieure.

Pratique de la foi et spiritualité au quotidien

Vivre avec la foi et la spiritualité n'est pas réservé à des moments particuliers de la journée ou à des événements exceptionnels. Cela se pratique au quotidien, à chaque instant, même dans les petites choses. La foi se renforce par la prière, mais aussi par nos actions. Chaque geste de bonté, chaque moment de silence, chaque pensée positive nourrit notre âme et fortifie notre esprit.

La pratique quotidienne de la foi peut prendre des formes diverses : un temps de méditation le matin, un acte de charité envers ceux qui en ont besoin, ou même un simple sourire. Chaque action, aussi simple soit-elle, devient un acte spirituel, une manifestation de notre foi vivante. Dans Jacques 2 :17, il est écrit :

« De même la foi, si elle n'a pas les œuvres, est morte en elle-même. »

Cela nous rappelle que la foi n'est pas seulement une croyance intellectuelle, mais une force active qui se traduit par des actions concrètes.

Chapitre 5 : ***Les Stratégies de Motivation et d'Action***

L'Essence de la Motivation : Pourquoi Elle Est Cruciale Pour Notre Réussite

Il existe une vérité universelle partagée par tous ceux qui ont su transformer leurs rêves en réalité : la motivation est la clé de toute réussite. C'est la force invisible qui aligne nos pensées, nos actions et nos ambitions pour accomplir ce qui semble, au début, être inatteignable. La motivation n'est pas une simple impulsion ou un coup de fouet temporaire ; elle est un principe fondamental qui se trouve au cœur de chaque grande histoire de succès. Cependant, elle n'est pas simplement un état passager, mais un moteur qui, s'il est bien entretenu, peut durer toute une vie.

La motivation peut être comparée à une flamme. Si elle est bien entretenue, elle brûle intensément et peut illuminer nos vies. Mais si nous négligeons cette flamme, elle se consume rapidement. Pour cette raison, il est essentiel de comprendre non seulement ce qui nous motive, mais aussi comment entretenir cette motivation pour qu'elle nous pousse en avant, même dans les moments d'incertitude ou de découragement. C'est là que réside l'une des premières clés pour une vie réussie : comprendre d'où provient notre motivation et comment la nourrir au quotidien.

Les Dimensions Profondes de la Motivation

La motivation, bien qu'elle soit souvent perçue comme une énergie extérieure ou un simple levier pour accomplir une tâche, est en réalité un phénomène interne extrêmement complexe. Elle peut être découpée en deux grandes catégories : la motivation intrinsèque et extrinsèque.

Motivation intrinsèque : Cette forme de motivation découle de l'intérieur, elle est alimentée par la satisfaction personnelle et le plaisir que l'on éprouve à réaliser une tâche. Elle ne dépend pas de récompenses extérieures, mais de l'accomplissement en soi. Cela inclut le sentiment de maîtriser quelque chose, de contribuer à un objectif supérieur ou de travailler dans un domaine qui nous passionne. Par exemple, un artiste qui peint pour la joie de l'expression créative est motivé de manière intrinsèque.

Motivation extrinsèque : Elle, en revanche, est dictée par des facteurs externes, comme l'argent, la reconnaissance sociale, ou des récompenses matérielles. Les sportifs qui poursuivent la victoire ou les étudiants qui étudient pour des diplômes en sont des exemples typiques. Bien que cette motivation soit puissante et souvent nécessaire, elle peut être volatile si elle n'est pas soutenue par une base intrinsèque solide.

La magie de la réussite réside dans l'équilibre entre ces deux formes de motivation. En effet, l'une ne devrait pas exclure l'autre. Tandis que la motivation extrinsèque nous pousse à accomplir des tâches spécifiques, la motivation intrinsèque nous permet de persévérer sur le long terme. L'une soutient l'autre, et ensemble, elles forment une synergie qui pousse au-delà des limites humaines.

La Transformation de la Motivation en Action

Un autre point essentiel pour réussir est de ne pas s'arrêter à la simple motivation, mais de la transformer en action. La motivation est le carburant, mais sans action, elle reste stérile, une énergie qui ne sert à rien. Comment, dès lors, faire en sorte que cette motivation se transforme en actions concrètes et mesurables ?

L'une des clés réside dans la création de habitudes positives. Nous savons tous qu'une forte motivation, au début, est souvent liée à des résolutions du Nouvel An ou à des projets qui démarrent sur un élan d'enthousiasme. Cependant, au bout de quelques jours, cette motivation initiale commence à s'estomper. Pour maintenir cet élan, il faut instiller des habitudes simples, mais puissantes, dans notre vie quotidienne.

Les habitudes sont la structure qui soutient la motivation. C'est la répétition régulière d'un comportement qui transforme une action en routine, puis en deuxième nature. Il est important de comprendre que les habitudes ne se forment pas en une seule journée, mais progressivement. Ce sont ces petites actions, répétées jour après jour, qui produisent des résultats exponentiels sur le long terme.

Le philosophe Aristote a souligné : "Nous sommes ce que nous faisons de manière répétée. L'excellence, donc, n'est pas un acte, mais une habitude." C'est à travers l'action répétée que la motivation se transforme en un résultat tangible. Pour cela, il est essentiel de cultiver des habitudes qui renforcent les objectifs que l'on s'est fixés, d'ajouter des routines qui facilitent la continuité et de rester ferme face aux distractions.

La Persévérance : Le Pont entre la Motivation et l'Accomplissement

La persévérance est souvent citée comme l'une des qualités les plus importantes pour atteindre un grand objectif. Mais qu'est-ce que la persévérance, au juste ? Ce n'est pas simplement une question de « ne jamais abandonner », c'est aussi la capacité de s'adapter et de rester déterminé malgré les obstacles. La persévérance, contrairement à la motivation, n'est pas liée à l'enthousiasme ou à l'énergie initiale. Elle prend racine dans la résilience, cette capacité à se relever après un échec et à continuer d'avancer.

Prenons l'exemple de Thomas Edison, l'inventeur de l'ampoule électrique. Il est connu pour avoir échoué des milliers de fois avant de réussir. Pourtant, il n'a jamais vu ces échecs comme des obstacles. Au contraire, il les considérait comme des leçons et des étapes vers le succès. Il a dit : "Je n'ai pas échoué. J'ai simplement trouvé 10 000 solutions qui ne fonctionnent pas." Son approche illustre parfaitement l'importance de la persévérance, qui est avant tout une vision à long terme et une capacité à voir chaque échec comme un pas vers le but final.

Walt Disney, quant à lui, a connu de nombreuses difficultés avant de devenir le géant de l'industrie du divertissement que nous connaissons aujourd'hui. Après avoir fait faillite plusieurs fois, il a continué à poursuivre sa vision d'un monde de rêve et de magie. Son histoire est un parfait exemple de la manière dont la persévérance, associée à une vision claire, permet de surmonter les pires obstacles.

L'Art de la Discipline : Transformer la Motivation en Actions Quotidiennes

La discipline est sans doute la qualité la plus cruciale pour convertir la motivation en résultats tangibles. La motivation nous donne l'impulsion, mais la discipline assure que nous restons sur la bonne voie, quels que soient les obstacles.

La discipline est ce qui permet de maintenir un cap précis malgré les distractions. Elle exige de faire des sacrifices, de prendre des décisions difficiles et d'agir même quand l'enthousiasme a disparu. C'est cette constance qui fait de la motivation un levier durable et efficace. Lorsque la motivation fluctue, la discipline reste. Cette constance est ce qui différencie ceux qui réussissent de ceux qui abandonnent.

Un bon exemple est celui de Stephen King, l'un des auteurs les plus célèbres de notre époque. Avant de connaître le succès, il a écrit des dizaines de livres qui n'ont pas été publiés. Pourtant, il ne s'est jamais laissé décourager. Chaque jour, il écrivait, peu importe les circonstances. Il a un jour partagé que sa discipline quotidienne dans l'écriture était ce qui lui avait permis de percer dans l'industrie littéraire. Sa citation « Écrire c'est comme respirer, si je ne le fais pas, je meurs » résume parfaitement son engagement.

Des Exemples Inspirants : Comment les Grands Leaders Ont Utilisé la Motivation pour Surmonter les Obstacles

Les grands leaders de l'histoire sont des exemples parfaits de cette combinaison de motivation, d'action et de persévérance. Nelson Mandela par nature, est une figure emblématique du courage et il proclame lorsqu'il accède au poste de Président de la République de l' Afrique du Sud que " Cela semble toujours impossible, jusqu'à ce que ce soit fait" . Ce langage est un témoignage puissant de la force ainsi que de la motivation personnelle et de l'engagement à une cause supérieure.

Elon Musk, l'entrepreneur à la tête de SpaceX et Tesla, incarne également cette combinaison de motivation et d'action. Il est reconnu pour ses objectifs audacieux et sa capacité à transformer des idées apparemment irréalisables en innovations de rupture. À la question de savoir pourquoi il se bat pour coloniser Mars, Musk répond simplement : **« Je pense que c'est important pour l'avenir de l'humanité, je crois que nous devons avoir un plan B ».** Son engagement inébranlable et sa discipline lui ont permis de réussir dans des domaines où beaucoup avaient échoué.

La Dimension Spirituelle de la Motivation

Enfin, il ne faut pas oublier la dimension spirituelle de la motivation. Dans chaque grande réalisation, il y a un appel à quelque chose de plus grand que soi-même. Que ce soit dans la foi chrétienne, l'islam, ou d'autres traditions spirituelles, la motivation véritable trouve sa source dans la volonté divine et dans un engagement envers un but plus grand que soi. C'est cette quête spirituelle qui permet de surmonter les épreuves les plus difficiles et de maintenir un cap vers la véritable réussite.

Les versets bibliques, par exemple, nous rappellent l'importance de maintenir notre motivation dans la foi et dans l'alignement avec des principes supérieurs :

“Que tout ce que vous faites, faites-le de tout votre cœur, comme pour le Seigneur et non pour des hommes.” – Colossiens 3 :23

“Car l’Éternel ton Dieu est celui qui marche avec toi, il ne te laissera pas et ne t’abandonnera pas.” – Deutéronome 31 :6

Ces enseignements spirituels montrent que la motivation n’est pas qu’une simple force humaine, mais peut être guidée par des valeurs transcendantales. Lorsqu’un individu agit avec l’intention de servir quelque chose de plus grand qu’il ne l’est lui-même – que ce soit une cause juste, la communauté, ou un but divin – sa motivation prend une dimension nouvelle, beaucoup plus profonde. Elle devient une force qui dépasse les limites du quotidien et puise dans un réservoir inépuisable de courage et de persévérance.

Gandhi, par exemple, a fondé son combat pour l’indépendance de l’Inde sur des principes spirituels de non-violence et de vérité. Son engagement reposait sur une vision d’une société plus juste, non seulement politiquement, mais aussi moralement et spirituellement. Il a dit : **« Vous devez être le changement que vous voulez voir dans le monde. »** Cette phrase incarne parfaitement l’idée que la motivation peut être une force intérieure profonde, nourrie par des convictions spirituelles, qui nous pousse à agir avec intégrité et détermination, quel que soit le défi.

Dans le contexte de notre vie quotidienne, il est donc essentiel de se reconnecter à cette dimension spirituelle de la motivation, qu’elle soit chrétienne, musulmane, bouddhiste ou issue d’une autre tradition. Car c’est cette profondeur spirituelle qui nourrit non seulement notre motivation à court terme, mais aussi notre persévérance à long terme. Elle nous aide à surmonter les épreuves les plus difficiles, à rester alignés sur nos valeurs et à continuer de progresser, même quand les obstacles semblent insurmontables.

En intégrant cette dimension spirituelle, nous découvrons que la motivation ne vient pas seulement de notre volonté personnelle, mais aussi d'un appel supérieur, qui nous guide dans notre quête de sens et de réalisation. Elle nous pousse à avancer avec foi, à croire en notre potentiel même lorsque les circonstances semblent contraires, et à rester motivés par la certitude que notre travail a un but plus grand, celui de servir le bien commun, de changer le monde et d'accomplir notre destinée.

Ainsi, la motivation véritable, nourrie de conviction spirituelle, devient une force inébranlable. Elle transcende les hauts et les bas, et nous permet de surmonter les épreuves avec une résilience qui vient de notre foi, de notre engagement à une cause juste et de notre certitude que tout effort, aussi petit soit-il, a un impact. La motivation spirituelle transforme les défis en opportunités et nous guide, non seulement vers notre propre succès, mais aussi vers la réussite collective et le bien-être de notre communauté.

Chapitre 6 : *Le Rôle des Relations et du Soutien dans les Épreuves*

La souffrance humaine a toujours été un thème universel, une expérience partagée, mais paradoxalement, elle est souvent vécue dans la solitude. La douleur, la perte, la tristesse sont des fardeaux que nous portons, mais qui, au fond, trouvent leur pouvoir de guérison dans les liens que nous tissons avec les autres. Dans les moments les plus sombres, lorsque l'espoir semble fragile, c'est la présence des autres qui fait toute la différence. Les relations humaines ne sont pas simplement un cadre où les individus évoluent ; elles sont un catalyseur de transformation face à l'épreuve.

La question n'est pas de minimiser la douleur, mais de reconnaître que cette douleur, bien que personnelle, trouve sa force et sa guérison dans le lien. L'être humain est une créature sociale, et sa capacité à traverser les épreuves dépend souvent du soutien qu'il reçoit. Mais il ne s'agit pas simplement de fournir des solutions matérielles ou de donner des conseils ; parfois, c'est la simple présence de l'autre, sans mots, qui fait naître la paix intérieure. L'absence de jugement, l'écoute attentive, l'empathie sincère sont autant d'éléments capables de réduire le poids du fardeau.

Les relations, loin d'être un luxe, sont une nécessité vitale. Les différentes cultures à travers le monde, et particulièrement en Afrique, nous enseignent la valeur de la communauté. Il n'est pas question ici de se contenter d'une présence passive, mais bien de s'engager activement dans la souffrance de l'autre, de participer à sa guérison. Cette solidarité fait partie intégrante de l'essence humaine. L'individu qui traverse la douleur seul est plus vulnérable, plus susceptible de se perdre dans ses pensées et ses peurs. Mais lorsqu'il peut se tourner vers autrui, sa souffrance devient partagée, et dans ce partage se cache une forme de guérison.

Dans la tradition africaine, par exemple, la souffrance est souvent vue comme un phénomène collectif. Si quelqu'un souffre, la communauté souffre avec lui. Ce n'est pas seulement un acte de charité, c'est une obligation morale de se soutenir les uns les autres. Ce soutien va bien au-delà de l'aspect physique ; il englobe l'écoute, la bienveillance, l'esprit de sacrifice et parfois même le sacrifice d'une part de soi-même. Le philosophe sénégalais Cheikh Anta Diop, dans ses réflexions sur l'humanité, insiste sur l'idée que l'individu ne peut être séparé de la communauté. C'est dans cette unité que l'on trouve la clé de la résilience. La communauté offre ce que l'on appelle la « force collective » – une énergie puissante née de l'union des âmes.

La souffrance trouve souvent son antidote dans la reconnaissance de notre humanité partagée. Ce n'est pas une faiblesse d'accepter le soutien, au contraire. Demander de l'aide, c'est faire preuve de courage. C'est reconnaître qu'aucune douleur n'est totalement indomptable. Et dans ce combat contre la douleur, le soutien des autres devient une arme inestimable. Amadou Hampâté Bâ, dans son œuvre « L'étrange destin de Wangrin », souligne cette idée que la souffrance d'un individu n'est pas seulement la sienne, mais elle appartient à tous. Ce n'est pas un appel à la pitié, mais à la solidarité active. Ce principe de **« partage de la douleur »** crée des liens indéfectibles entre les individus et forme le socle sur lequel les sociétés peuvent bâtir des structures de soutien, de guérison et de solidarité.

Les grands leaders de l'histoire, à l'instar de Kwame Nkrumah, ont compris cette notion fondamentale. Nkrumah, père fondateur de la nation ghanéenne, croyait en la solidarité entre les peuples, en la force collective face aux épreuves de l'histoire. C'est cette même philosophie qui a permis à des générations de survivre à des luttes terribles, de traverser des périodes de guerre, de famine ou de colonialisme. Ce n'était pas uniquement la lutte physique qui les a maintenus, mais la conviction que la souffrance individuelle est adoucie lorsque partagée et qu'elle trouve sa voie vers la guérison collective.

Les relations humaines sont une forme de résistance face à la douleur. Le soutien n'est pas uniquement une aide matérielle, mais un acte de dévouement. Ce dévouement prend des formes variées. Il peut être un simple geste de solidarité, comme préparer un repas pour un voisin en deuil, ou passer des heures à écouter un ami. Ces actes, parfois considérés comme anodins, sont en réalité les pierres angulaires de la résilience humaine. En offrant une oreille attentive ou une épaule sur laquelle s'appuyer, on redonne à l'autre une raison d'espérer, une conviction que même au cœur de la tempête, il y a une possibilité de renouveau.

Mahatma Gandhi disait : « **La véritable force de l'humanité réside dans la capacité à se tendre la main dans les moments d'épreuve.** » Ce n'est pas dans la solitude de l'individu que l'on trouve la force de surmonter les difficultés, mais dans l'unité, dans cette chaîne d'entraide, d'affection et de réconfort. Ces liens humains, bien plus qu'un simple soutien, sont des actes sacrés. Ils façonnent des communautés où la douleur se transforme en force collective, et où chaque individu peut puiser dans cette énergie commune pour se relever.

C'est dans cette idée que la souffrance, loin d'être un fardeau insurmontable, devient un espace de transformation. À travers les relations et le soutien, nous ne faisons pas qu'endurcir la douleur, mais nous la transcendons. Nous faisons de la souffrance un passage, un moment nécessaire pour renaitre, grandir, et évoluer. Le soutien permet à la douleur de devenir un levier pour une croissance plus profonde, plus saine, et plus en phase avec notre humanité.

La véritable force réside dans l'ouverture à l'autre, dans le fait de s'accepter comme vulnérable, mais aussi de reconnaître l'importance de la solidarité. C'est là, dans cette interaction humaine, que réside le véritable pouvoir de guérison. Un pouvoir que l'on partage, que l'on offre et que l'on reçoit dans un cercle infini d'amour et de compréhension. Ce cercle, un jour formé par une communauté, permet à l'individu non seulement de guérir, mais de renaître plus fort que jamais.

Dans la douleur, l'individu peut se retrouver face à des forces invisibles mais puissantes : l'isolement, la solitude et la tentation de s'abandonner à la noirceur des pensées. Cependant, le soutien d'autrui peut être une lumière dans cette obscurité. Ce n'est pas une solution immédiate ou magique, mais un accompagnement qui aide à naviguer dans l'inconnu, à avancer un pas après l'autre. C'est un espace où la souffrance est partagée et où la personne ne se sent plus comme une île isolée, mais fait partie d'un tout.

Lorsqu'on se tourne vers les autres dans ces moments, on constate que la véritable force de l'humanité réside dans la solidarité. Cela va au-delà des mots réconfortants : c'est la reconnaissance que nous ne sommes pas seuls face à la tempête. Les gestes d'affection, aussi simples soient-ils, les sourires, les attentions discrètes, deviennent des ponts qui nous relient à l'extérieur, à la vie, et à l'espoir. Parfois, ce sont ces petites étincelles de bienveillance qui donnent assez de lumière pour éclairer l'obscurité d'une nuit sans fin.

Il y a une véritable puissance dans l'acte de tendresse. Lorsqu'une personne se trouve accablée par la douleur, elle ne cherche pas toujours des solutions immédiates. Elle a besoin de comprendre qu'il y a de l'espoir, qu'il existe une possibilité d'émergence de la souffrance vers une forme de paix intérieure. Parfois, ce n'est même pas le temps qui permet de guérir les blessures, mais la présence persistante de ceux qui nous entourent. L'écoute attentive, sans jugement, crée un espace sacré où les émotions peuvent se déployer sans crainte. C'est dans ce sanctuaire d'écoute et d'acceptation que la guérison commence vraiment.

Les relations humaines, souvent sous-estimées, deviennent alors un moteur de transformation. Dans une époque où le monde devient de plus en plus individualiste et où l'isolement semble être un phénomène grandissant, se réengager dans des connexions authentiques devient un acte de rébellion contre la souffrance. Il n'y a pas de plus grand remède contre l'angoisse que de savoir qu'on peut compter sur l'autre, non pas pour résoudre nos problèmes, mais pour marcher à nos côtés. La véritable force réside dans cette simple mais profonde capacité d'être présent, sans chercher à fixer ou à réparer ce qui est brisé, mais en honorant la souffrance elle-même. Il ne s'agit pas de la nier, de la fuir ou de la minimiser, mais de l'accueillir avec toute la délicatesse et le respect qu'elle mérite.

Cela nous amène à reconnaître que les relations ne sont pas seulement des échanges de mots, mais des espaces de guérison, des terrains de lutte et d'espoir. En se connectant à l'autre, nous découvrons que la souffrance n'est pas un fardeau à porter seul, mais une expérience partagée qui lie chacun de nous à l'humanité entière. Il est dans notre nature de chercher des alliances face aux défis. L'accompagnement des autres devient ainsi une clé pour naviguer à travers les épreuves de la vie.

C'est dans cette connexion profonde que la souffrance peut se transformer. Une douleur partagée est une douleur allégée. Un fardeau déposé à deux est un fardeau plus léger. La force de la relation humaine dans les moments difficiles ne réside pas dans la recherche d'une solution immédiate, mais dans le simple fait de se tenir la main, d'être là dans le silence, d'offrir son épaule comme un point d'ancrage. Lorsque l'on sait que l'on n'est pas seul, que des mains tendues se trouvent près de nous, cela allège le poids du monde.

Chapitre 7 : Transformer la souffrance en opportunité de croissance

La souffrance, une réalité de la condition humaine, est souvent perçue comme une malédiction, un mal inévitable qui nous fait plier sous son poids. Pourtant, il existe une vérité profonde qui se cache derrière cette douleur inévitable : la souffrance, lorsqu'elle est abordée avec une vision de transformation, devient un outil puissant de croissance intérieure. Nous vivons dans une société qui prône l'évitement de la souffrance, qui nous enseigne à la fuir à tout prix, mais cette vision réductrice empêche de voir la souffrance sous son véritable potentiel. Car, paradoxalement, c'est à travers l'épreuve que l'homme peut véritablement se découvrir, se redéfinir et se renforcer.

Lorsque la souffrance frappe à notre porte, elle ne se manifeste pas de manière aléatoire. Elle est un miroir brut qui reflète ce que nous portons en nous : nos vulnérabilités, nos faiblesses, mais aussi nos forces cachées. Il est facile de fuir la souffrance, de chercher à l'éviter à tout prix, mais ceux qui ont su l'accepter, la vivre, ont compris qu'elle offrait une occasion précieuse de se réinventer. Ce n'est pas un destin que l'on subit passivement, mais une opportunité que l'on choisit de saisir pour se reconstruire. La souffrance peut nous plonger dans les abysses de notre être, mais elle a également la capacité de nous propulser vers des sommets insoupçonnés. L'essentiel n'est pas de savoir éviter la souffrance, mais de savoir en sortir plus fort et plus sage.

Il existe une vérité universelle selon laquelle tout changement profond naît de la confrontation avec la souffrance. Celle-ci, dans son essence même, est une force de transformation. C'est dans l'adversité que l'on découvre nos limites, que l'on est forcé de sortir de notre zone de confort, de remettre en question nos croyances et de réévaluer nos priorités. La souffrance brise les illusions et nous pousse à regarder la réalité en face, sans fard, sans détour. Elle nous pousse à nous connecter à nos valeurs les plus profondes, à ce qui nous anime véritablement, et non à ce que nous croyons être. C'est ainsi que la souffrance devient un chemin d'éveil, une voie qui nous conduit à la compréhension de nous-mêmes.

Ce cheminement, loin d'être facile, est celui que de nombreuses grandes personnalités ont parcouru. Ce sont ces figures qui, face à des épreuves dévastatrices, ont non seulement survécu, mais ont également tiré de ces expériences une force intérieure qui a transformé leur destin et celui des autres. Leur souffrance, loin de les détruire, les a enrichis d'une sagesse qu'ils ont su partager avec le monde. Car la souffrance, lorsqu'elle est vécue pleinement, a le pouvoir de nous libérer des chaînes invisibles qui nous emprisonnent. Elle révèle la vérité de notre humanité, nous oblige à nous confronter à notre essence la plus pure et nous permet, finalement, d'émerger plus forts, plus intègres et plus sereins.

Au cœur de cette transformation, il est essentiel de comprendre qu'il n'y a pas de souffrance qui soit inutile. Même dans les moments les plus sombres, lorsque l'on a l'impression d'être englouti par la douleur, chaque expérience porte en elle une leçon cachée. La souffrance, loin d'être une fin, est une invitation à transcender nos limitations, à nous réinventer et à ouvrir nos yeux sur un monde nouveau. En faisant face à cette douleur, nous découvrons une nouvelle vision de la vie, plus authentique, plus sage, plus alignée avec nos aspirations profondes.

C'est dans cette dynamique de transformation que réside le véritable potentiel humain. La souffrance devient alors une occasion de se reconnecter avec ce qui est essentiel et de se libérer de tout ce qui ne sert plus. Elle nous invite à grandir spirituellement, émotionnellement et intellectuellement. En choisissant de ne pas être défini par nos épreuves, mais plutôt par la manière dont nous les surmontons, nous devenons les architectes de notre propre existence. La souffrance, dans cette perspective, devient une forge qui façonne notre caractère, une école qui nous enseigne la patience, la persévérance et la résilience.

Mais il ne s'agit pas simplement de surmonter la souffrance pour revenir à ce que l'on était avant. Non. Il s'agit de se transformer, de se reconstruire, de s'élever au-delà de ce que l'on était. Chaque épreuve traverse notre existence comme une vague qui nous engloutit, mais si nous apprenons à nager avec elle, nous découvrons un océan infini de possibilités. Et ce chemin n'est jamais solitaire. La souffrance partagée devient une source de solidarité et d'unité. Dans notre douleur, nous pouvons comprendre celle des autres. Nous pouvons tendre la main à ceux qui souffrent et les accompagner sur leur propre chemin de guérison. La souffrance, ainsi vécue collectivement, devient un terrain de fraternité et de solidarité, une occasion de se connecter véritablement les uns aux autres.

Chaque parcours humain est marqué par des épreuves et des souffrances, mais il est aussi marqué par des moments de résilience et de victoire. Ceux qui ont vécu dans la souffrance, mais qui ont su la transcender, en sortent toujours transformés. Ils ne sont plus les mêmes qu'avant. Ils portent en eux une sagesse qui les rend capables de voir au-delà des apparences et de comprendre les vérités profondes de la vie. Ils savent que la douleur fait partie du processus de croissance, qu'elle n'est jamais vaine, et que, dans la tempête, se cache toujours une lumière prête à nous guider vers un avenir meilleur.

La souffrance, loin d'être une fatalité, devient un chemin vers la grandeur. Ceux qui, malgré la douleur, ont su regarder en face les défis de leur vie, ont su en tirer la force de changer, de grandir et de se réinventer. Ce processus de transformation est long, difficile et semé d'embûches, mais il mène toujours à une forme de libération et d'épanouissement. En acceptant la souffrance non comme une malédiction mais comme une opportunité de croissance, nous faisons un pas vers notre propre guérison, vers la guérison collective et vers un avenir où, ensemble, nous pouvons créer un monde meilleur.

Il est important de souligner que la souffrance n'est pas un fardeau que l'on porte éternellement, mais un passage. Un passage qui, s'il est vécu avec sagesse, nous permet d'évoluer vers une version plus complète et plus forte de nous-mêmes. Parfois, nous avons l'impression que les épreuves de la vie s'accumulent sans fin. Les coups du sort semblent être incessants, et nous nous demandons pourquoi la vie nous impose de telles épreuves. Cependant, la question ne devrait pas être « Pourquoi moi ? », mais plutôt « Qu'est-ce que cette épreuve m'enseigne ? » Cette approche transforme instantanément la souffrance en un terrain fertile où germent des graines de changement et de croissance. C'est dans cette quête de sens que réside la véritable libération.

L'histoire de l'humanité révèle que les plus grandes avancées et les plus grandes victoires sont nées dans les moments les plus sombres. C'est dans la douleur que de nombreuses personnalités ont forgé leur caractère et trouvé leur vocation. Ces personnes ont compris que leur souffrance ne les définissait pas ; elles ont appris à la transcender pour en faire un moteur de transformation personnelle et collective. La souffrance devient alors un creuset, non pas pour l'anéantissement, mais pour l'élévation.

Les plus grands leaders spirituels et humanitaires, ayant traversé des épreuves inimaginables, ont su sortir renforcés. Leur parcours de souffrance a été leur école de vie, leur guide. Ces leaders ont su voir au-delà de leur propre douleur, au-delà de leurs cicatrices, et ont utilisé leur vécu pour éveiller la conscience collective. Ils ont compris que, en transformant leur souffrance, ils pouvaient incarner l'espoir pour ceux qui les entouraient. La souffrance, sous cet angle, devient une plateforme d'éveil. Elle nous pousse à questionner nos croyances, à revisiter nos priorités, et à réévaluer notre place dans le monde. Dans l'adversité, nous découvrons des vérités profondes qui étaient cachées sous le voile de l'illusion. L'amour, la foi, l'empathie, l'engagement envers les autres, la gratitude pour ce que nous avons, et la paix intérieure qui se trouve au-delà des possessions matérielles. La souffrance, vécue pleinement, est une invitation à revenir à l'essentiel.

Les souffrances collectives, telles que les crises sociales ou les injustices systématiques, nous révèlent également les fissures de notre société. Elles exposent nos faiblesses en tant que collectivité et nous forcent à repenser la manière dont nous interagissons les uns avec les autres. Les grandes révolutions sociales, qu'elles soient économiques, politiques ou culturelles, naissent souvent de cette douleur collective. Les peuples, à travers l'histoire, ont appris à canaliser leur souffrance vers un objectif commun, à se battre pour un avenir plus juste et équitable. Dans ce processus, la souffrance devient le terreau de l'unité, de la solidarité et du changement social.

L'une des grandes révélations de la souffrance est qu'elle nous pousse à l'humilité. Elle nous rappelle que, malgré notre volonté, nous ne sommes pas tout-puissants. Nous sommes vulnérables et fragiles, et c'est dans cette vulnérabilité que réside la beauté de l'existence humaine. En reconnaissant notre propre faiblesse, nous pouvons trouver la force de tendre la main aux autres, de partager nos luttes et de chercher ensemble des solutions. La souffrance nous enseigne que nous ne pouvons pas tout faire seuls. Elle nous montre l'importance de la solidarité, du soutien mutuel, et de l'interconnexion qui existe entre nous tous.

L'un des plus grands paradoxes de la souffrance est qu'elle nous apprend à vivre pleinement. Lorsque nous traversons une épreuve, nous sommes forcés de remettre en question nos priorités et de redéfinir ce qui est vraiment important pour nous. Nous prenons conscience de l'importance de chaque instant, de chaque relation, de chaque geste. C'est dans la souffrance que nous développons une appréciation profonde de la vie, et nous comprenons que le véritable bonheur ne réside pas dans les possessions matérielles, mais dans les expériences vécues et les connexions humaines que nous établissons.

La souffrance n'est pas un fardeau à fuir, mais une occasion de grandir. Elle nous montre la fragilité de la vie, mais aussi sa puissance de transformation. Elle n'est pas une fin en soi, mais un passage, un moment dans le grand cycle de l'existence. Lorsque nous acceptons la souffrance non pas comme une malédiction, mais comme une opportunité de devenir plus forts, plus sages et plus humains, nous découvrons la véritable richesse de la vie. Et c'est dans cette perspective que nous pouvons transcender notre douleur pour la transformer en une force inébranlable, capable de briser les chaînes et ouvrir des portes vers un avenir meilleur.

La souffrance, loin d'être une simple épreuve à surmonter, est un maître exigeant. Elle nous enseigne que la vie n'est pas linéaire. Nous n'avons pas toujours le contrôle sur les événements qui nous arrivent, mais nous avons toujours le pouvoir de choisir la manière dont nous y répondons. Ce choix est souvent ce qui détermine si nous émergeons de nos épreuves plus forts ou plus abattus. Il existe un paradoxe fondamental ici : nous pouvons être brisés par la souffrance, mais nous pouvons aussi, si nous le voulons, être reconstruits par elle.

Ce processus de reconstruction n'est pas instantané. Il exige de nous une transformation en profondeur. L'homme qui entre dans la souffrance n'est pas le même que celui qui en sort. C'est un cheminement intime, un travail intérieur qui consiste à désapprendre les illusions que nous avons créées autour de nos vies et à embrasser la vérité nue, parfois cruelle, parfois magnifique, mais toujours libératrice. C'est ce que l'on appelle la guérison. Ce processus n'est pas seulement un retour à un état de bien-être, mais un voyage vers une version de soi plus consciente, plus éveillée et plus alignée avec ses véritables aspirations.

Le véritable défi de la souffrance réside dans notre capacité à la transcender, à la transformer en quelque chose de plus grand que nous-mêmes. La souffrance qui nous a écrasés au début du chemin peut devenir la source même de notre lumière. C'est ce que l'on pourrait appeler la « transmutation ». Une douleur vécue avec sagesse peut se transformer en compassion, une perte peut se transformer en gratitude, une humiliation peut donner naissance à l'humilité. Le processus est subtil et demande une grande ouverture d'esprit, une capacité à accepter la souffrance sans la fuir et, surtout, sans s'y attacher. Parce que la souffrance, quand elle est acceptée, n'a plus le pouvoir de nous définir. Elle devient une partie de notre histoire, mais elle ne prend plus toute la place dans notre existence.

Les sociétés humaines, tout comme les individus, connaissent aussi des périodes de grande souffrance collective. Ces moments peuvent être des crises économiques, des guerres, des oppressions politiques, ou même des crises sanitaires mondiales. À l'échelle d'un peuple, la souffrance se manifeste par un sentiment de perte, de trahison, de désillusion. Cependant, l'histoire nous montre que, souvent, les sociétés qui ont traversé ces épreuves en sont sorties plus fortes. Une crise partagée peut souder les individus et les pousser à rechercher ensemble des solutions. Elle peut aussi ébranler les fondements d'un système injuste et conduire à une transformation sociale. La souffrance collective pousse les peuples à se réinventer, à remettre en question les structures de pouvoir établies, et à ouvrir des voies nouvelles pour un avenir plus équitable.

Ce processus de transformation à l'échelle collective se produit aussi à travers l'engagement. La souffrance est un catalyseur de l'action. Il y a ceux qui, après avoir vécu des épreuves personnelles, décident de consacrer leur vie à soulager la souffrance d'autrui. C'est ce que l'on appelle la mission : faire de sa propre douleur une force qui soutient les autres, qui les élève et qui les aide à surmonter leurs luttes. Ces actions peuvent prendre différentes formes : le militantisme, la philanthropie, l'art, la politique, ou même l'éducation. Mais peu importe le domaine, l'impulsion qui les anime est la même : une volonté de rendre ce monde plus humain, plus juste, plus solidaire. Ces individus, en transcendant leur propre souffrance, participent à la guérison de la société dans son ensemble.

Une autre dimension importante de la souffrance, souvent négligée, est son rôle dans la construction de la sagesse. La souffrance nous permet de voir au-delà des apparences et d'accepter la complexité du monde. Elle nous pousse à admettre que rien n'est jamais totalement noir ou blanc. La souffrance nous enseigne à avoir une vision plus nuancée de la vie, à reconnaître que chaque expérience, chaque épreuve, chaque émotion a sa place et sa raison d'être. À travers la souffrance, nous apprenons la subtilité de la vie, la nécessité de vivre avec des incertitudes, mais aussi d'accepter la beauté de ce qui échappe à notre contrôle.

Ainsi, la souffrance ne se réduit pas à un mal à endurer. Elle devient, dans cette perspective, une opportunité précieuse de grandir. Elle nous pousse à ouvrir les yeux sur le monde, à développer une compréhension plus profonde de nous-mêmes et des autres, et à chercher un sens au-delà de la simple survie. En ce sens, la souffrance est une alliée paradoxale : elle nous pousse à questionner le sens de la vie, à rechercher des réponses plus profondes et à nous tourner vers l'essentiel.

La souffrance, loin d'être une fin en soi, devient une porte ouverte vers la transformation, la sagesse et la guérison. Ceux qui l'embrassent avec courage et humilité découvrent, dans le creux de leur douleur, la force inouïe de se relever, de continuer à marcher, et de transformer leur vécu en un message d'espoir et de résilience. C'est dans cette capacité à surmonter la souffrance, à la transcender, que réside une des plus grandes forces humaines. Et c'est ce pouvoir, ce pouvoir de renaître de ses cendres, qui nous définit en tant qu'individus et en tant que société.

***Chapitre 8* : L'accomplissement personnel après la tempête**

Il est des âmes qui, en plein cœur de la tempête, trouvent le courage de se reconstruire. La souffrance, au lieu de les anéantir, devient le terreau de leur épanouissement. C'est dans ces moments de désespoir que l'on prend conscience que la véritable force réside dans la capacité à se relever. L'accomplissement personnel, bien plus qu'une simple quête de réussite, est une exploration profonde de soi-même, une redécouverte de notre potentiel caché, enfoui sous les décombres des épreuves passées.

Prenons l'histoire de Moussa, ce jeune homme qui, des failles de la douleur, a su extraire des joyaux d'une force insoupçonnée. Moussa n'avait pas grandi dans un environnement favorable. Son enfance était marquée par des pertes successives. Il perdit sa mère à l'âge de six ans, un chagrin qui imprégna son cœur d'une tristesse infinie, qu'aucun mot ne pourrait décrire. Mais ce n'était pas tout. Très jeune, il fut confronté à des épreuves qui semblaient écrasantes, un poids trop lourd pour un être aussi jeune.

À l'âge de dix-sept ans, il perdit également son père, un homme aimé de tous, et pourtant un jour emporté sans crier gare par une maladie imprévisible. Dans ces moments-là, il se sentit vidé de tout, comme un arbre déraciné, ballotté par le vent, sans direction et sans but. Mais la tragédie, paradoxalement, a semé en lui les graines d'une résilience nouvelle. Les épreuves de la vie, qui semblaient vouloir l'écraser, sont devenues pour lui des tremplins, des moments d'introspection, des occasions de grandir au-delà de la douleur.

Au lieu de se laisser consumer par la solitude, la souffrance et la colère, Moussa fit face à ses démons intérieurs. Il commença à chercher des réponses dans les livres, les textes anciens et la sagesse des anciens. Il ne se contenta pas de pleurer sur son sort, mais chercha à comprendre le pourquoi des choses. Ce n'était pas une fuite de la réalité, mais plutôt un combat de chaque instant pour retrouver l'espoir. Il décida de suivre un chemin d'apprentissage, même lorsque l'obscurité semblait invincible, et en un rien de temps, il se retrouva à enseigner à d'autres jeunes qui traversaient eux aussi des tempêtes.

Mais ce n'est pas la seule chose qui marqua son évolution. En tant qu'homme, il comprit que pour réaliser l'accomplissement personnel, il devait, au-delà de ses succès matériels, maîtriser ses émotions et ses pensées. Le véritable accomplissement réside dans la capacité à donner un sens à ce qui nous arrive, à transformer chaque épreuve en une leçon et à avancer malgré tout. Aujourd'hui, Moussa n'est plus celui qui se perdait dans le noir. Il est celui qui éclaire le chemin pour d'autres.

L'histoire de Moussa nous montre que l'accomplissement personnel après la tempête n'est pas une question de circonstances favorables, mais une conquête de soi-même. Il ne s'agit pas de chercher à fuir la souffrance, mais de la comprendre et de l'utiliser comme catalyseur de transformation. Ceux qui réussissent à sortir plus forts de la tempête sont ceux qui comprennent que leur pouvoir réside dans leur capacité à ne jamais se laisser définir par leurs épreuves, mais à s'élever au-dessus d'elles.

L'accomplissement, alors, ne se mesure pas uniquement à la réussite extérieure, mais à la richesse intérieure que l'on acquiert à travers les expériences vécues. Dans cette quête, la souffrance devient un allié, un professeur silencieux qui nous apprend à nous connaître, à comprendre nos faiblesses et nos forces, à découvrir la résilience en nous et à cultiver la paix intérieure malgré le chaos extérieur.

Cela ne signifie pas que le chemin sera sans douleur. Les blessures du passé, les cicatrices laissées par les tempêtes traversées, resteront toujours présentes. Mais, comme Moussa, ceux qui choisissent de ne pas se laisser définir par la douleur trouveront en eux la capacité de grandir, de se dépasser et de se réinventer. En effet, l'accomplissement personnel est une œuvre qui se construit dans le silence des nuits d'incertitude, dans l'ombre des épreuves, et dans la lumière qui émerge au bout du tunnel.

Car c'est à travers cette lumière que l'on trouve sa véritable essence. Les tempêtes ne sont pas des fins en soi. Elles sont les prémices de nouveaux commencements, les catalyseurs de la transformation intérieure qui, une fois maîtrisée, permettent à chaque individu de se réaliser pleinement. Et l'accomplissement, alors, devient une évidence : un accomplissement de l'âme, un accomplissement de la pensée, un accomplissement du cœur.

En prenant le contrôle de notre destin, en apprenant à faire face à l'adversité et en grandissant à travers nos défis, nous découvrons non seulement qui nous sommes vraiment, mais aussi ce que nous sommes capables de devenir. Comme Moussa, nous comprenons que la tempête n'est jamais là pour nous détruire, mais pour nous préparer à recevoir le meilleur de nous-mêmes.

L'accomplissement personnel n'est pas une destination, mais un voyage continu, une transformation qui survient lorsque nous choisissons de sortir des ténèbres de l'épreuve pour embrasser la lumière de l'auto-réalisation. Quand la tempête frappe, il n'est pas question de revenir à ce que nous étions, mais plutôt de nous renouveler, de reconstruire et de trouver un sens profond à ce que nous avons vécu.

Les tempêtes de la vie, qu'elles soient intérieures ou extérieures, ont une puissance incroyable. Elles secouent notre monde, ébranlent nos certitudes et révèlent nos vulnérabilités. Mais elles sont aussi le terreau fertile d'une transformation possible. Il est facile de croire que l'accomplissement arrive lorsque l'on traverse la tempête sans se briser, mais ce n'est pas cela le véritable accomplissement. L'accomplissement personnel se mesure par ce que nous devenons après. Ce n'est pas la tempête elle-même, mais la manière dont nous avons choisi d'y répondre, ce que nous avons décidé de tirer de chaque épreuve, de chaque perte, de chaque déception.

Se réinventer à travers l'adversité

Il est essentiel de comprendre que les tempêtes n'ont pas le pouvoir de nous définir. Ce qui nous définit, c'est la façon dont nous réagissons face à elles. L'accomplissement personnel commence lorsque nous choisissons consciemment de transformer nos souffrances en une force créative. Cela demande de la volonté, du courage, mais aussi une foi inébranlable en notre capacité à nous réinventer.

Imaginez-vous comme un arbre après une tempête. Il perd ses feuilles, certaines de ses branches se cassent, et peut-être même une partie de son tronc est endommagée. Mais, à travers cette destruction, il prend racine plus profondément, s'enracinant dans une terre plus fertile. Le vent a apporté avec lui de la souffrance, mais il a aussi permis à l'arbre de se renforcer, de s'adapter, de croître de manière plus profonde. C'est ainsi que l'accomplissement personnel se construit. Il naît de cette adaptation, de cette capacité à se relever après être tombé, de ce travail intérieur qui nous pousse à grandir malgré nos blessures.

Ne pas s’arrêter à la souffrance

Une des erreurs les plus courantes lorsque nous traversons des périodes difficiles est de nous identifier à notre souffrance. La souffrance, bien qu’intense et souvent insupportable, ne doit pas devenir notre identité. Elle peut devenir un catalyseur pour notre évolution, mais elle ne doit jamais dicter qui nous sommes. C’est une phase, une épreuve, mais pas un état permanent. L’accomplissement survient lorsque nous choisissons de ne pas faire de cette souffrance le centre de notre vie.

Pensez à ceux qui ont traversé des épreuves extrêmes et ont transformé leur souffrance en une force. La souffrance devient une source de sagesse, d’empathie et de compassion. Elle devient le moteur qui nous pousse à nous lever, à avancer, à rêver à nouveau, à redéfinir ce que signifie la réussite.

La construction d’un nouveau soi

L’accomplissement personnel exige également une construction consciente de notre identité après la tempête. Il est crucial de ne pas seulement survivre, mais de se reconstruire en nous appuyant sur les leçons que la tempête nous a enseignées. C’est là que réside la véritable transformation. C’est dans l’intégration des leçons difficiles que nous commençons à découvrir une nouvelle version de nous-mêmes. C’est dans cette reconstruction que réside l’authentique accomplissement personnel.

Il ne suffit pas de surmonter les défis. Il faut en tirer des enseignements profonds, faire le travail interne nécessaire pour reconstruire notre vision de nous-mêmes, et oser devenir ce que nous n'aurions jamais imaginé être sans ces épreuves. La personne que vous devenez après la tempête est l'accomplissement véritable. Vous n'êtes pas la somme de vos échecs, de vos peines ou de vos erreurs, mais plutôt la somme de vos résiliences, de vos capacités à vous relever, et de vos choix de ne jamais abandonner, même dans les moments les plus sombres.

Se donner une nouvelle direction

L'accomplissement personnel est souvent lié à la redéfinition de nos priorités, à un changement de direction. Après la tempête, il devient impératif de réévaluer ce qui est important pour nous, ce que nous voulons vraiment, ce pour quoi nous sommes prêts à lutter. Ce n'est pas simplement une question de continuer à avancer ; c'est une question de choisir une voie nouvelle, un but renouvelé, une vision plus claire de ce que nous voulons accomplir.

C'est ce qui sépare les simples survivants des véritables accomplisseurs. Ce n'est pas une question de chance ou de circonstances, mais de décision. La tempête n'est qu'un catalyseur, et la manière dont nous décidons de changer, de grandir et d'évoluer après elle est ce qui nous permet d'atteindre notre accomplissement personnel.

Ce n'est pas facile. Il y a des moments où la peur et le doute assiègent notre esprit, où nous avons l'impression que la tempête nous a laissés trop abîmés pour avancer. Mais c'est justement dans ces moments-là que nous devons puiser dans la force intérieure, que nous devons nous rappeler que le plus grand accomplissement réside dans notre capacité à faire face à l'impossible et à en sortir plus fort.

La réussite n'est pas une ligne droite

L'accomplissement personnel n'est pas une destination qui peut être atteinte d'un seul coup. C'est un chemin sinueux, avec des hauts et des bas, des moments d'incertitude et des moments de triomphe. Mais la beauté de ce chemin réside dans sa capacité à transformer ce que nous croyions être des échecs en fondations solides sur lesquelles construire notre avenir. Après chaque épreuve, après chaque tempête, il y a une nouvelle version de nous-mêmes qui émerge, plus sage, plus forte, plus déterminée à accomplir ce qui semblait impossible.

Il est important de comprendre que l’accomplissement n’est pas une ligne droite. C’est un voyage continu, où chaque étape compte, même celles qui semblent petites ou insignifiantes. Le simple fait de continuer à avancer, de refuser de se laisser définir par la douleur, de s’élever au-dessus des circonstances, est déjà un accomplissement en soi. Et à chaque étape, nous devenons plus proches de cette version idéale de nous-mêmes que nous avons toujours rêvé d’être.

Ce chapitre a pour but d’aider le lecteur à comprendre que l’accomplissement personnel ne se mesure pas uniquement par des succès externes, mais par la manière dont nous gérons nos luttes internes, par la façon dont nous nous réinventons après la tempête, et par la décision de ne jamais abandonner. C’est un processus de transformation profonde, qui demande de la patience, de la persévérance et une foi inébranlable en soi-même. Et c’est dans cette transformation que réside la véritable victoire.

La vie, telle que nous la connaissons, n’est rien d’autre qu’un enchaînement de défis, d’épreuves, de pertes, mais également de moments de lumière et de transformation. Ces obstacles, bien que parfois dévastateurs, ont cette singularité de nous apprendre à nous relever, à trouver en nous une force insoupçonnée. La résilience est un concept fondamental, celui qui nous permet de sortir de nos ténèbres et de retrouver un sens à notre existence. Loin de nous résigner, nous devons comprendre que chaque tempête, aussi violente soit-elle, n’est qu’une étape vers la paix intérieure.

Tout d’abord, il est crucial de reconnaître que les épreuves ne sont pas des fardeaux imposés par le destin, mais des opportunités déguisées. À travers le prisme de la douleur, nous avons l’occasion de redéfinir qui nous sommes, d’explorer nos ressources intérieures, de découvrir des parties de nous-mêmes que nous ignorions. La souffrance peut, en effet, être un catalyseur de transformation. Elle ne doit pas être un frein, mais une impulsion vers une vie meilleure. Il est impératif de comprendre que la souffrance est parfois nécessaire pour faire émerger une version plus forte de nous-mêmes, plus consciente, plus épanouie.

Le chemin vers la guérison n'est jamais facile, et encore moins linéaire. Cependant, lorsque nous apprenons à cultiver la patience, l'espoir et la foi, nous constatons que les blessures du passé peuvent se transformer en une source d'inspiration, en un point de départ pour de nouvelles perspectives. Ce processus de guérison n'est pas une course, mais plutôt une marche lente, une progression, une éducation de l'esprit et du cœur. À chaque étape, nous devons être prêts à nous libérer des poids du passé, à pardonner, à comprendre et à nous pardonner nous-mêmes. Ce processus, bien qu'il puisse sembler long et difficile, est d'une importance capitale pour accéder à une paix véritable.

La foi, la spiritualité et la prière sont des éléments qui, lorsqu'ils sont intégrés dans ce cheminement, jouent un rôle crucial. La foi ne se résume pas à une croyance aveugle ; elle est avant tout une forme de confiance. La confiance que, malgré les épreuves, nous ne sommes jamais seuls. La spiritualité, qu'elle soit chrétienne, musulmane, ou issue de toute autre tradition, nous invite à transcender les limites de notre perception humaine, nous poussant à voir les défis de la vie non comme des obstacles insurmontables, mais comme des leçons à apprendre, des étapes vers une version plus élevée de nous-mêmes.

Dans ce processus de dépassement, nous devons également comprendre l'importance de l'action. Il ne suffit pas de prier, de se lamenter ou d'attendre passivement que les choses s'améliorent. Il est nécessaire de prendre des mesures concrètes, d'agir avec détermination pour changer notre situation. La motivation et la persévérance sont des alliées puissantes dans la bataille contre l'adversité. Cependant, elles doivent être alimentées par une volonté de changement intérieur. L'action doit être nourrie par une réflexion profonde, par un travail sur soi-même. C'est ainsi que nous atteindrons la liberté et la paix intérieure.

Les relations humaines jouent également un rôle déterminant dans ce processus de transformation. Dans les moments difficiles, il est vital de s'entourer de personnes qui partagent nos valeurs et qui nous soutiennent dans nos démarches. Ce soutien peut provenir de la famille, des amis, ou même de la communauté. Cependant, il est crucial de savoir choisir avec discernement ceux à qui nous accorder notre confiance. Parfois, il est nécessaire de couper des liens toxiques pour mieux avancer. Les relations saines et bienveillantes peuvent jouer un rôle clé dans notre guérison, nous apportant l'énergie nécessaire pour avancer.

Enfin, l'accomplissement personnel, fruit de ce travail constant, de ces efforts répétés, nous permet de constater l'émergence d'une version meilleure et plus sage de nous-mêmes. Cet accomplissement n'est pas une fin en soi, mais plutôt un chemin vers une vie plus riche et épanouie. Il ne s'agit pas seulement de réussir dans nos projets extérieurs, mais de parvenir à une paix intérieure, de trouver cette harmonie qui fait de nous des individus plus complets, plus sereins et plus conscients.

En somme, chaque épreuve surmontée est une victoire en soi. Chaque cicatrice, chaque souffrance, chaque instant d'incertitude est une étape vers un avenir meilleur. Nous devons accepter nos faiblesses et nos imperfections tout en ayant foi dans notre capacité à évoluer, à nous réinventer et à créer une vie pleine de sens. C'est en empruntant ce chemin de transformation que nous atteindrons, non seulement la guérison, mais aussi l'épanouissement personnel, la lumière au bout de la tempête.

Chers lecteurs,

Je tiens à vous exprimer ma profonde gratitude pour avoir pris le temps de parcourir ces pages, de vous imprégner de ces mots et de vivre, à travers ces chapitres, une expérience qui, je l'espère, aura trouvé un écho résonnant au plus profond de vos âmes. Vous avez ouvert votre esprit et votre cœur à un voyage d'introspection, un cheminement que peu de personnes osent emprunter, celui de la résilience, de l'espoir et de la transformation.

Il n'est pas anodin de s'engager dans un tel processus. Vous avez fait preuve d'une volonté inébranlable et d'une ouverture d'esprit rare en vous consacrant à cette lecture. Chaque page lue, chaque réflexion partagée, chaque histoire vécue ici est un pas de plus vers la compréhension de soi et du monde qui nous entoure. Vous avez accepté de confronter les ténèbres pour y découvrir la lumière, d'accepter la souffrance pour en tirer les leçons précieuses qu'elle cache. Vous avez pris part à ce voyage à travers les tempêtes de la vie, et je vous en suis sincèrement reconnaissant.

Cet ouvrage, en dépit de son modeste objectif, a pour vocation de semer des graines de transformation et de guérison. Si l'une de ces graines a pris racine dans votre cœur, si l'une de ces paroles a ravivé votre foi en vous-même ou en l'humanité, alors mon but est pleinement atteint. Vous êtes désormais porteur d'une vision nouvelle, d'une sagesse nouvelle qui, j'en suis certain, vous guidera à travers les épreuves de la vie.

Il est facile de se laisser emporter par les courants de la vie, de se perdre dans les tumultes quotidiens, mais vous avez fait le choix conscient de vous arrêter, de réfléchir, de comprendre. Vous avez fait le choix de vous élever au-delà de la surface des choses pour pénétrer dans l'essence même de la vie. Ce choix, je vous le dis, est précieux.

À travers cette lecture, j'espère que vous avez trouvé des réponses à vos questionnements, des encouragements dans vos moments de doute et un souffle de résilience dans vos périodes de découragement. Vous avez compris que chaque épreuve, chaque tempête, est une invitation à grandir, à se redéfinir et à émerger plus fort, plus sage et plus serein.

Je vous remercie, non seulement pour avoir permis à cet ouvrage de prendre sens à travers vos yeux et votre esprit, mais aussi pour avoir pris l'engagement de nourrir votre vie de sagesse et d'espérance. À vous qui poursuivez votre chemin avec une volonté inébranlable et une foi renouvelée, sachez que la vie vous réserve de merveilleux horizons. Vous avez les clés de votre propre transformation et je suis honoré d'avoir pu vous accompagner, ne serait-ce qu'un instant, sur ce chemin.

Je vous laisse avec ces mots : la lumière que vous cherchez au dehors réside déjà en vous. Que chaque pas, chaque action, chaque réflexion vous mène plus près de cette vérité. Vous êtes une force, et le monde a besoin de cette force. Allez, avec courage et sérénité, vers ce qui vous attend.

Merci.

A TRAVERS LA TEMPÊTE :

Trouver la lumière Au Cœur Des Épreuves

Ouattara Gninkaman Ghislain est un jeune auteur et entrepreneur engagé, titulaire d'un BTS en gestion commerciale et certifié en actions humanitaires ainsi qu'en suivi et évaluation de projets. Fort d'une expérience dans des initiatives sociales, il met son savoir-faire au service de l'épanouissement des jeunes et de la société. À travers ses écrits, il aspire à offrir un message de résilience, de courage et d'espoir face aux difficultés de la vie. Son engagement se reflète dans son approche humaniste, visant à inspirer et guider ceux qui cherchent à transformer leurs épreuves en forces.

"À Travers la Tempête : Trouver la Lumière au Cœur des Épreuves" ***est un guide de transformation personnelle qui invite les lecteurs à surmonter les épreuves de la vie avec courage et détermination. L'auteur nous plonge dans une exploration profonde de la résilience, de la foi, et de la capacité humaine à se relever après chaque chute. À travers des réflexions puissantes et des témoignages inspirants, ce livre est une véritable source de sagesse et d'espoir, un phare pour ceux qui cherchent la lumière dans l'obscurité et désirent trouver leur chemin vers l'accomplissement personnel, malgré les adversités.***

FSC
www.fsc.org
MIX
Papier | Fördert
gute Waldnutzung
FSC® C083411

Kolibri 360 GmbH
Ferdinand-Jühlke-Straße 7
99095 Erfurt, Deutschland
produktsicherheit@kolibri360.de

Druck:
CPI Druckdienstleistungen GmbH
im Auftrag der
Kolibri 360 GmbH
Ferdinand-Jühlke-Str. 7
99095 Erfurt